NOTICE

DES

PEINTURES ET SCULPTURES

PLACÉES DANS LES COURS ET LES APPARTEMENTS

DU PALAIS DE FONTAINEBLEAU.

PARIS,

VINCHON, Fils et Successeur de Mme Ve BALLARD,

IMPRIMEUR DES MUSÉES ROYAUX,

Rue J.-J. Rousseau, 8.

1841.

TABLE.

—

NOTICE

DES

PEINTURES ET SCULPTURES

PLACÉES DANS LES COURS ET DANS LES APPARTEMENTS

DU PALAIS DE FONTAINEBLEAU.

PORTE DORÉE (*Cour d'honneur*).

Cette porte, une des entrées principales du palais, a été décorée sur les dessins du Primatice, qui a été aussi quelquefois désigné sous le nom de l'*Abbé de Saint-Martin*. La salamandre dorée qui se trouve sous l'arcade entre deux anges, indique l'époque à laquelle cette partie du bâtiment a été construite.

Les dorures de ce passage ont fait donner à la porte le nom de *Porte dorée*, sous lequel elle a toujours été connue.

Les peintures à fresque de la Porte dorée étaient dans un état complet de dégradation, lorsque M. Picot a été chargé en 1835 de leur restauration; il a conservé les compositions du Primatice. Ces peintures représentent :

Première partie de l'arcade. — Les amours d'Hercule et d'Omphale.

Deuxième partie de l'arcade (*dans la voûte*). — Les Titans foudroyés. — L'Aurore quitte Céphale pour Orion. — Le départ des Argonautes, etc.

VESTIBULE SAINT-LOUIS.

Ce vestibule est orné des statues des Rois de France Robert II, Louis VII, Philippe-Auguste (Philippe II), Saint-Louis (Louis IX), François Ier et Henri IV.

PREMIER ÉTAGE.

Escalier du Roi.

L'escalier du Roi a été construit sur l'emplacement où était autrefois la chambre dite d'Alexandre, parce que Nicolo dell' Abbate y avait représenté, d'après les dessins du Primatice, les principales actions de la vie d'Alexandre-le-Grand. M. Abel de Pujol, membre de l'Institut, en a restauré les peintures en 1835. Ces peintures etaient alors dans le plus mauvais état.

Au-dessus de la porte d'entrée, donnant du côté des appartements du Roi. — Alexandre dompte Bucéphale.

Deuxième tableau. — Alexandre et Thalestris, reine des Amazones.

Troisième tableau. — Campaspe captive amenée devant Alexandre.

Quatrième tableau. — Alexandre renferme les œuvres d'Homère dans un coffre précieux.

Cinquième tableau. — Alexandre et Campaspe.

Sixième tableau. — Alexandre coupe le nœud gordien.

Septième tableau. — Un festin d'Alexandre.

Huitième tableau. — Alexandre dans l'atelier d'Apelles.

Le plafond à compartiments de la chambre d'Alexandre était détruit. Il a été remplacé par un nouveau, dont les voussures et le tableau principal ont été composés et peints par M. Abel de Pujol. Le sujet représente l'apothéose d'Alexandre.

GALERIE DE HENRI II.

Cette galerie connue sous le nom de la Salle de bal, avait été primitivement peinte à fresque par Nicolo dell'Abbate, sous la direction du Primatice. Toutes les peintures de cette salle étaient dans un état complet de dégradation, elles ont été restaurées en 1834 et 1835, par M. Jean Alaux. Le plafond en bois de chêne à compartiments est orné des emblèmes, devises et chiffres de Henri II. Elle est éclairée par dix fenêtres dont cinq donnent sur le parterre et cinq sur la cour ovale. Huit grands tableaux remplissent l'espace compris entre chacune des arcades qui se lient ensemble par des cartouches ornés des chiffres de Henri II et de Diane de Valentinois. Les voûtes des arcades sont également ornées de tableaux.

Au-dessus de la porte d'entrée. — Le concert et le bal.

Côté droit donnant sur le jardin.

Première arcade près de la porte d'entrée. — 1° Vulcain, 2° l'Hospitalité sous l'emblème de deux vieillards assis près d'un brâsier, 3° Jupiter, 4° le Sommeil, 5° Flore.

Tableau après la première arcade. — L'Été ; — Cérès préside à la moisson.

Deuxième arcade. — 1° Saturne ; 2° l'Amour désarmé ; 3° l'Hymen ; 4° Mars et Vénus ; 5° Cybèle.

Tableau après la deuxième arcade. — L'Hiver ou les forges de Vulcain ; — Vénus lui demande des armes.

Troisième arcade. — 1° Bacchus ; 2° Nymphe de

fontaines; 3° Janus; 4° la Décision sous l'emblème de deux vieillards; 5° Hébé.

Tableau après la troisième arcade. — Le Printemps ou le palais du Soleil. — Phaéton supplie son père de lui donner la conduite de son char. — Le portrait du Primatice qui a composé la décoration de cette galerie, se trouve derrière une des colonnes du palais du Soleil, près de la quatrième arcade.

Quatrième arcade. — 1° Neptune sur un dauphin; 2° la Protection sous l'emblème d'un vieillard appuyé sur un lion, et qui s'entretient avec un jeune homme; 3° Vulcain tenant ses filets; 4° Amphion; 5° Amphytrite.

Tableau après la quatrième arcade. — Philémon et Baucis.

Cinquième arcade. — 1° Mars en repos (son bouclier porte les insignes de Henri II); 2° Bellone; 3° Ganimède enlevé par Jupiter; 4° Narcisse; 5° Vénus.

Côté gauche donnant sur la cour ovale.

Première arcade à côté de la porte. — 1° Neptune; 2° l'Automne; 3° l'Amour; 4° Pomone et les Nayades; 5° Thétis.

Tableau après la première arcade. — L'automne, Bacchus et sa suite, dans laquelle on remarque Hébé, déesse de la jeunesse.

Deuxième arcade. — 1° Jupiter; 2° le Conseil sous l'emblème d'un viellard qui dirige un jeune homme; 3° Mars; 4° le Conseil sous l'emblème d'un vieillard qui parle à un jeune homme; 5° Junon.

Tableau après la seconde arcade. — Le Parnasse; Apollon et les Muses.

Troisième arcade. — 1° Le dieu Pan ; 2° Comus ; 3° la déesse de l'Abondance; 4° Esculape; 5° Cérès.

Tableau après la troisième arcade. — L'Olympe.

Quatrième arcade. — 1° Hercule ; 2° Caron suivi de son nautonnier ; 3° la réflexion ; 4° l'Expérience sous l'emblème d'un vieillard conduisant un jeune homme qui tient un flambeau ; 5° Déjanire.

Tableau après la quatrième arcade. — Les noces de Thétis et de Pelée.

Cinquième arcade. — 1° Mars en repos; 2° le Repos sous l'emblème de deux vieillards assis; 3° l'Amour; 4° la Vigilance sous l'emblème d'un coq aux pieds d'une femme; 5° Minerve.

A l'extrémité de la galerie et à droite de la cheminée. — La chasse du sanglier.

A gauche. — Un loup cervier terrassé.

Sous chacun de ces tableaux. — Diane au repos.

CHAPELLE SAINT-SATURNIN.

Cette chapelle, la plus ancienne du palais, était entièrement abandonnée depuis un grand nombre d'années, lorsqu'elle a été restaurée et rendue au culte en 1836.

Les vitraux de trois fenêtres ont été peints à la Manufacture royale de Sèvres; ils représentent saint Philippe et sainte Amélie au milieu d'un chœur d'anges.

On lit dans la partie supérieure de ces vitraux les inscriptions suivantes :

1° « Louis VII a bâti cette chapelle en 1169 ; elle a » été consacrée par saint Thomas Becket, arche- » vêque de Cantorbéry. »

2° « François Ier a rebâti cette chapelle en 1544. »

3° « Louis-Philippe Ier l'a restaurée en 1834. »

4° « Ce vitrail a été fait sur les dessins de S. A. R. la » Princesse Marie d'Orléans, fille du Roi, en 1836. »

L'inscription qui suit est gravée sur l'autel :

« Pie VII a célébré les saints mystères sur cet autel » pendant son séjour au palais de Fontainebleau, du » 20 juin 1812 au 21 janvier 1814. »

ESCALIER DE LA REINE.

DESPORTES (FRANÇOIS).

1 — Les chiens à la chasse du loup.

2 — Nature morte ; gibier.

PARROCEL (CHARLES).

3 — Chasse de Louis XV dans la forêt de Compiègne.

DESPORTES (FRANÇOIS).

4 — Nature morte ; gibier.

5 — Les chiens à la chasse du sanglier.

OUDRY (JEAN-BAPTISTE).

6 — Chiens chassant un canard sauvage.

DESPORTES (FRANÇOIS).

7 — Les chiens au repos.

GRANDS APPARTEMENTS DU ROI.

Antichambre.

8 — Le repas de Sancho dans l'île de Barataria. « La table de Sancho, gouverneur, est servie » magnifiquement; mais sitôt qu'il veut manger, » le médecin, Pedro Rezzio, fait enlever les » plats. »

Tapisserie faite aux Gobelins, d'après le tableau de Charles-Antoine Coypel.

9 — « Don Quichotte et Sancho, montés sur un » cheval de bois, s'imaginent traverser les airs » pour venger Doloride. »

Tapisserie faite aux Gobelins, d'après le tableau de Charles-Antoine Coypel.

10 — « Don Quichotte consulte la tête enchantée » chez don Antonio Moreno. »

Tapisserie faite aux Gobelins, d'après le tableau de Charles-Antoine Coypel.

1er *Salon des Tapisseries.*

11 — Arabesques. — Le mois de Mai. — Un guerrier armé d'un arc porte un bouclier sur lequel on voit le signe des Gémeaux.

Tapisserie des anciennes manufactures de Flandre.

12 — Arabesques. — Le mois d'Octobre. — Un guerrier couvert de ses armes; l'emblème de son bouclier est le signe du Scorpion.

Tapisserie des anciennes manufactures de Flandre.

13 — Arabesques. — Le mois de Juillet. — Une Nymphe se repose sur un Lion.

Tapisserie des anciennes manufactures de Flandre.

14 — Arabesques. — Le mois de Septembre. — Un guerrier armé d'une hache soutient un cadre sur lequel on voit le signe de la Balance.

Tapisserie des anciennes manufactures de Flandre.

15 — Arabesques. — Le mois de Mars. — Une Minerve armée de son bouclier, qui a pour emblème un Bélier.

Tapisserie des anciennes manufactures de Flandre.

16 — Arabesques. — Le mois de Février. — Un guerrier couronné de roseaux soutient un cadre où se trouve le signe des Poissons.

Tapisserie des anciennes manufactures de Flandre.

17 — François 1er et Charles-Quint visitant les tombeaux de Saint-Denis (janvier 1540).

Tapisserie faite aux Gobelins, d'après le tableau du baron Gros.

2e *Salon des tapisseries.*

La cheminée de ce salon, dans laquelle on trouve les armes de François Ier et de Claude de France, a été composée par le Rosso, connu aussi sous le nom de *maître Roux*, qui a peint, dans le médaillon du milieu, les amours de Mars et de Vénus. Le bas-relief en stuc, placé dans le médaillon, représente un sacrifice à Jupiter.

18 — François 1er rejette l'offre des députés de la ville de Gand. — La France était en paix avec

l'Espagne ; les habitants de Gand, s'étant soulevés contre l'Empereur Charles-Quint, demandèrent au Roi de France de les protéger. François Ier refuse d'encourager leur révolte.

Tapisserie faite aux Gobelins,
d'après le tableau de M. Rouget.

19 — François Ier à la Rochelle. — Le roi confie la garde de sa personne aux habitants de la Rochelle.

Tapisserie faite aux Gobelins,
d'après le tableau de M. Rouget.

20 — Saint Louis reçoit à Ptolémaïs les envoyés du Vieux de la Montagne.

Tapisserie faite aux Gobelins,
d'après le tableau de M. Rouget.

21 — Saint Louis arbitre entre le roi d'Angleterre et ses barons (23 janvier 1264).

Tapisserie faite aux Gobelins,
d'après le tableau de M. Rouget.

22 — Henri IV et Crillon.

Tapisserie faite aux Gobelins,
d'après le tableau de M. Rouget

23 — Un guerrier du temps des croisades.

Tapisserie faite aux Gobelins,
d'après le tableau de M. Rouget.

24 — La France, figure allégorique.

Tapisserie faite aux Gobelins,
d'après le tableau de M. Rouget.

25 — Henri IV à Rouen, à l'assemblée des Notables, en 1594.

Tapisserie faite aux Gobelins,
d'après le tableau de M. Rouget.

M. ROUGET (GEORGES).

26 — Saint Louis pardonne à Pierre de Bretagne, dit *Mauclerc*, duc de Bretagne, et reçoit son hommage (1234).

CHARDIN (JEAN-BAPTISTE-SIMON).

27 — Les attributs de la musique.

M. ROUGET (GEORGES).

28 — Saint Louis prisonnier en Égypte.

Le médaillon placé sur la cheminée est peint à fresque et représente Mars et Vénus.

Salon de Louis XIII.

Ce salon, qui était autrefois la chambre à coucher de Marie de Médicis, est orné des emblèmes et des devises d'Henri IV et de Marie de Médicis. Les tableaux placés dans le plafond et au-dessus des lambris représentent les principaux faits de l'histoire de Théagène et de Chariclée (1). Ils ont été peints par Ambroise Dubois (2).

Premier tableau. — Cortège des jeux pythiens.

Calasiris, grand-prêtre d'Isis, avait quitté l'Egypte et s'était rendu à Delphes pour y consulter l'oracle

---

(1) Roman d'Héliodore, évêque de Trica (en Thessalie), composé dans le IVe siècle, traduit en français par Amyot, grand aumônier de France, qui l'avait dédié à François Ier.

(2) Les tableaux de ce salon étaient dans l'origine au nombre de quinze; lorsque l'on a donné plus d'élévation aux portes principales, sous le règne de Louis XV, il a fallu en enlever quatre. On vient de placer trois de ces tableaux dans une des salles Saint-Louis, sous les n°s 34, 36 et 37.

d'Apollon. Il assiste aux jeux pythiens..... Le cortège, qui se rendait au tombeau de Néoptolème, est en marche. Théagène, descendant d'Achille, chef de la députation des Œnianiens, peuple de la Thessalie, entouré de ses soldats, suit l'hécatombe qui doit être offerte en sacrifice : viennent après les prêtres d'Apollon, et au milieu d'eux Chariclée, jeune fille consacrée à Diane, qu'on croyait à Delphes fille de Chariclès, grand-prêtre d'Apollon. Elle est sur un char attelé de deux bœufs blancs et porte le flambeau du sacrifice (1).

Deuxième tableau. — Sacrifice des Thessaliens sur le tombeau de Néoptolème.

Déjà les victimes ont été immolées, lorsque Théagène, qui doit allumer le feu sur l'autel, s'approche pour consommer le sacrifice et reçoit le flambeau des mains de la prêtresse de Diane (2).

Troisième tableau. — Première entrevue de Calasiris et de Chariclée.

Théagène, vainqueur aux jeux pythiens, avait été couronné par la prêtresse de Diane, et depuis ce jour Chariclée était tombée dans une mélancolie profonde. Chariclès a recours aux médecins ; tous sont d'accord qu'elle est dominée par un violent chagrin, mais ils ne peuvent en expliquer la cause. Chariclès consulte son ami Calasiris, et lui confie qu'il se propose d'unir Chariclée à son neveu Alcamène ; il prie le grand-prêtre d'Isis d'adresser en son nom les premières propositions. Conduit chez la jeune prêtresse, Calasiris lui parle en présence de Cha-

(1) Ce tableau est actuellement placé dans la salle Saint-Louis, sous le n° 37.

(2) Ce tableau est placé au-dessus de la cheminée.

riclès et d'Alcamène, qui attendent avec anxiété : Chariclée rejette l'union qu'on lui propose (1).

Quatrième tableau. — Apparition d'Apollon et de Diane à Calasiris.

Pendant la nuit qui suivit l'entrevue de Calasiris et de Chariclée, Apollon et Diane apparurent au grand-prêtre d'Isis : « Il est maintenant temps, » me dirent-ils, m'appelant par mon nom, que » vous retourniez en vostre pays; car les loix de » la destinée le vous ordonnent ainsi. Allez-vous en » donc, et prenant ceux-ci pour compagnons de » vostre voyage, recevez-les en vostre sauve-garde, » et les chérissez autant que vos propres enfants : » et puis quand vous serez arrivez en Égypte, me- » nez-les où les Dieux le voudront (2). »

Cinquième tableau. — Seconde entrevue de Calasiris avec Chariclée.

Chariclès, toujours inquiet de l'état de sa fille, a de nouveau recours à Calisiris ; il lui fait connaître qu'il n'est pas le père de la prêtresse de Diane. Cette jeune fille lui a été confiée dans son enfance, par un inconnu, lorsqu'il voyageait en Égypte et qu'il passait à Memphis. Elle portait alors une ceinture magique que depuis elle n'a jamais quittée. Plein de respect pour la volonté des Dieux, Calasiris se rend chez Chariclée ; il reconnait sur sa ceinture les caractères symboliques des Egyptiens, et il apprend qu'elle est fille de Persina, reine d'Ethiopie, et que sa mère l'a éloignée pour la soustraire à la fureur du roi Hydapse, son père. Calasi-

(1) Ce tableau est placé au plafond, à gauche de la cheminée, du côté des appartements.

(2) Ce tableau est placé au milieu du plafond, du côté opposé à la cheminée.

ris révèle à Chariclée le nom des auteurs de ses jours et lui propose de la conduire en Ethiopie (1).

Sixième tableau. — Enlèvement de Chariclée.

Théagène avait confié son amour à Calasiris; d'après ses conseils, il force pendant la nuit l'entrée du temple de Delphes, y pénètre suivi de ses Thessaliens, et enlève la prêtresse de Diane (2).

Septième tableau. — Le serment de Théagène.

Théagène, en sortant du temple de Delphes, avait quitté ses compagnons et s'était empressé de conduire Chariclée chez le grand-prêtre d'Isis : Sauvez,
» Calasiris, ces pauvres étrangers, ces deux suppliants
» exilez, qui n'ont point de ville pour retraicte, et qui
» se sont privés de toutes sortes de commoditez,
» afin que pour tout bien ils se puissent gaigner l'un
» l'autre. » Mais Chariclée était inquiète, elle n'osait se confier à Théagène, et elle exigea qu'il s'engageât, sous la foi du serment, en présence des Dieux et du grand-prêtre d'Isis (3).

Huitième tableau. — Le départ.

Calasiris conduit pendant la nuit Théagène et Chariclée à bord d'un navire de marchands phéniciens, qui faisait voile pour l'Egypte (4).

---

(1) Ce tableau est placé dans le plafond à gauche, du côté opposé à la cheminée.

(2) Ce tableau est placé au-dessus du lambris, du côté opposé à la cheminée.

(3) Ce tableau est placé au milieu du plafond, du côté de la cheminée.

(4) Ce tableau est placé au-dessus du lambris près de la porte qui conduit dans les appartements du Roi.

Neuvième tableau. — Calasiris, Théagène et Chariclée, sont abandonnés sur le rivage de l'Egypte.

Le vaisseau phénicien ayant été attaqué et pris par des corsaires dans les parages de l'île d'Ithaque, Calasiris, Théagène et Chariclée étaient devenus leurs prisonniers : battus par la tempête, les pirates avaient été contraints par les vents de chercher un refuge sur la côte d'Égypte. Là, Trachinius, leur chef, allait s'unir à Chariclée, lorsque la discorde éclata sur son bord. Pélore, lieutenant des pirates, à l'instigation de Calasiris, entraine une partie de ses compagnons : les brigands se battent entre eux. Trachinius succombe, et Pélore, resté seul, est à son tour attaqué par Théagène, qui lui donne la mort. Mais Théagène, épuisé de fatigue et couvert de blessures, est resté sur le champ de bataille (1).

Dixième tableau. — Théagène et Chariclée surpris par des voleurs.

« L'aube du jour dissipoit les ténèbres, et le soleil » de ses premiers rayons commençoit à dorer les » sommités des montagnes, quand une troupe » d'hommes armez, qui ne vivoient que de rapines » et de brigandages, parut sur le rivage du mont qui » s'élève le long de l'une des bouches du Nil, que » l'on nomme Héracléotique .... Un navire y estoit » à l'anchre, vuide de voyageurs..... Le rivage cou- » vert de gens tout fraischement navrez, dont les » uns y avoient dés-jà fait perte de la vie, les autres » n'estoient qu'à demy-morts, et les parties de leurs » corps qui palpitoient encores, faisoient assez con- » noistre qu'il n'y avoit pas longtemps que le com- » bat étoit fini.

» Ces brigands d'Ægypte, considérants du haut de

(1) Ce tableau est placé au-dessus du lambris de gauche de la cheminée, du côté des appartements

» la montagne cet estrange spectacle, n'en sçavoient » que penser, et comme ils s'acheminoient pour » aller au pillage, ils eurent une rencontre qui les » estonna encores d'avantage que ce qu'ils avoient » vus.

» C'étoit une jeune dame qu'ils apperceurent » assise dessus un rocher, d'une si rare beauté qu'on » la pouvoit prendre pour une déesse..... Ses yeux, » qu'elle tenoit en terre, estoient tellement arrestez » sur un jeune gentil-homme qui estoit à ses pieds, » estendu de son long, qu'elle ne les destournoit » nullement de cest object qui causoit ses tristes » pensés. »

Cependant Chariclée s'était approchée de Théagène, et elle lui donnait les premiers soins (1)

Onzième tableau. — Théagène et Chariclée dans l'île des Pâtres.

Les voleurs qui avaient surpris Théagène et Chariclée partageaient entre eux le butin dont ils s'étaient emparés, lorsqu'ils furent attaqués et mis en fuite par les brigands de la montagne. Thiamis les commandait : il força les deux fugitifs à le suivre, et Calasiris fut alors abandonné sur le rivage. La bande de Thiamis habitait, dans un lac de la Montagne, une île que l'on appelait l'île des Pâtres. Gnemon, jeune esclave grec, avait été commis à la garde des deux prisonniers : il s'intéresse à leur sort, et promet à Théagène de guérir ses blessures au moyen d'une plante qui se trouve dans les montagnes. Chariclée, destinée à devenir l'épouse de Thiamis, consolait Théagène, lorsque Gnemon arrive

(1) Ce tableau est placé dans l'une des salles Saint-Louis, sous le nº 34.

et donne l'alarme : la demeure des brigands est découverte (1).

Douzième tableau. — Retour de Théagène et de Gnemon dans l'île des Pâtres.

Les brigands prennent les armes, et Thiamis retient près de lui Théagène, pendant qu'il charge Gnemon de conduire Chariclée dans la caverne dont l'entrée n'est connue que de ses affidés. L'île est incendiée : Thiamis, attaqué par une troupe supérieure à la sienne, résiste long-temps ; mais, prévoyant l'issue funeste du combat, et ne voulant pas que Chariclée devienne la proie du vainqueur, il se rend à la caverne pour l'immoler à sa fureur. Battus sur tous les points, les brigands sont chassés de leur repaire.

Théagène et Gnemon, qui s'étaient éloignés pendant l'action, reviennent dans l'île des Pâtres pour y chercher Chariclée (2).

Treizième tableau. — Théagène et Chariclée dans la caverne de l'île des Pâtres.

Théagène et Gnemon s'empressèrent de se rendre dans la caverne ; un cadavre frappe leurs regards, et Théagène se livrait au plus violent désespoir, lorsqu'arriva Thermutis, l'écuyer de Thiamis : il venait chercher Thisbée, son esclave, qu'il avait cachée à l'insu de son maître dans la même caverne qui servait de refuge à Chariclée, et c'était Thisbée qui, croyant aller au-devant de Thermutis, avait été frappée à mort par Thiamis. Théagène reconnait son erreur et re-

---

(1) Ce tableau est placé au-dessus du lambris, dans le milieu de la salle et du côté des appartements.

(2) Ce tableau est placé dans le plafond, près de la cheminée et du côté des fenêtres.

trouve Chariclée dans la partie la plus éloignée de la caverne, où elle s'était retirée pendant le combat (1).

Dernier tableau. — Union de Théagène et de Chariclée.

Après bien des traverses, séparés de nouveau, Théagène et Chariclée se retrouvent en Ethiopie, dans la ville de Phyla, où, prisonniers l'un et l'autre du roi Hydaspe, ils doivent être sacrifiés aux Dieux. Sysimethres, ministre de la religion et chef des gymnosophistes, reconnaît Chariclée, qu'il avait confiée autrefois au grand-prêtre de Delphes; le roi Hydaspe et la reine Persina retrouvent leur fille: elle subit l'épreuve du feu. Théagène, accusé d'avoir enlevé à Delphes la prêtresse de Diane, se justifie et sort vainqueur des épreuves qu'on lui impose; il obtient sa grâce du roi Hydaspe, qui lui accorde la main de sa fille.

Théagène et Chariclée sont unis et se consacrent, dans la ville de Phila, au culte du Soleil et de la Lune (2).

Un ancien auteur rapporte, au sujet du dernier tableau de l'histoire de Théagène et de Chariclée: « Au » bas de ce quinzième tableau on voit le portrait » d'Ambroise Dubois, qui a peint ce cabinet. Il est » vêtu de rouge et s'est représenté lui-même, par » ordre de Henry-le-Grand, avec le duc de Sully, » marquis de Rhosny, et Zamet, fameux financier, » etc. »

Les peintures, ornements, fleurs, etc., exécutés

---

(1) Ce tableau est placé dans le plafond, du côté opposé à la cheminée et près des fenêtres.

(2) Ce tableau est placé dans une des salles Saint-Louis, sous le n° 36.

sur les différents panneaux des lambris de cette salle, ont été peints par Paul Bril.

Le plafond, du côté de la salle Saint-Louis, est terminé par un tableau d'Ambroise Dubois; il représente le Dauphin, fils de Henri IV, depuis Louis XIII, sur un dauphin, et environné de plusieurs amours qui portent des attributs. Du côté de la cheminée, également dans le plafond, des amours portent les emblêmes et les devises de Henri IV.

1er *Salon Saint-Louis.*

VINCENT (FRANÇOIS-ANDRÉ).

29 — Henri IV quitte Gabrielle d'Estrées.

30 — Henri IV et Sully blessé.

31 — Henri IV à Lieursaint, chez le meunier Michau.

32 — Henri IV et Sully à Fontainebleau.

33 — Henri IV et Sully chez Gabrielle d'Estrées.

Au-dessus de la cheminée. — Une figure équestre en bas-relief représentant Henri II, par Jacquet, dit Grenoble.

Les autres tableaux placés dans ces salles sont de Nicolas Loir, et représentent des Amours avec différents attributs : 1° et 2° la Sculpture ; 3° les richesses de la terre; 4° les richesses de la mer; 5° l'Automne; 6° l'Hiver; 7° le Printemps; 8° l'Été ; 9° l'Industrie, etc.

2e *Salon Saint-Louis.*

DUBOIS (AMBROISE).

34 — Théagène et Chariclée surpris par des voleurs.

35 — Vue du camp des Croisés devant Jérusalem (1).

36 — Union de Théagène et de Chariclée.

37 — Cortège des jeux Pythiens.

38 — Clorinde et Argant quittent le sultan Saladin pour aller attaquer le camp des Croisés (2).

LEBRUN (École de Charles).

39 — L'Espérance.

40 — La Foi.

Les autres tableaux placés dans cette salle sont de Nicolas Loir; ils représentent des amours avec différents attributs : 1° l'Industrie, 2° la Guerre, 3° l'Astronomie, etc.

Ancienne salle des Gardes.

Dans la niche ovale de la cheminée. — Buste de Henri IV, par Germain Pilon. Les autres sculptures de la cheminée sont de Jacquet, dit Grenoble; elles ont été faites sous le règne de Henri IV : les deux figures principales représentent la Force et la Paix.

Antichambre de la salle de spectacle.

Plafond. — L'alliance de la Peinture et de la Sculpture.

Dans les panneaux de la boiserie. — 1° Diane, duchesse de Valentinois, par le Primatice; 2° Vulcain; 3° Vénus et l'Amour; 4° Cérès; 5° Cybèle; 6° Minerve; 7° Diane; 8° Jupiter.

(1 et 2) Ce tableau faisait autrefois partie de la décoration du cabinet dit de Clorinde, au Palais de Fontainebleau.

Antichambre donnant sur l'escalier du Roi.

Dans la niche. — La Nature, statue en marbre.

Galerie de François Ier.

(Sur la cour des Fontaines.)

La décoration de cette galerie a été commencée par le Rosso et terminée par le Primatice. Les peintures qui avaient été exécutées par Nicolo dell'Abbate sont à peine visibles. Le buste de François Ier, par M. Valois, est placé dans la niche ovale du côté des salons de Saint-Louis.

REZ-DE-CHAUSSÉE ET PREMIER ÉTAGE.

CHAPELLE DE LA TRINITÉ.

(Entre la cour du Cheval blanc et le jardin anglais.)

La voûte de cette chapelle est divisée en plusieurs compartiments. Les tableaux et les ornements en ont été exécutés par Fréminet, premier peintre du Roi, sous le règne de Henri IV.

Les cinq tableaux principaux placés dans le centre de la voûte représentent :

1° *Tableau au-dessus de la tribune du Roi.* — Noé faisant entrer sa femme et ses enfants dans l'arche.

2° *Tableau suivant.* — La chute des anges.

3° *Tableau au milieu de la voûte.* — Dieu entouré des puissances célestes.

4° *Tableau suivant.* — L'ange Gabriel recevant de Dieu l'ordre d'annoncer la venue du Messie sur la terre.

5° *Tableau au-dessus de l'autel.* — Les Saints-Pères apprenant la venue du Messie.

Au-dessus de l'autel et dans la tribune de la musique. — L'Annonciation de la Vierge.

Les quatre Éléments sont dans les quatre tableaux ovales qui lient ensemble les tableaux principaux : 1° le Feu (une femme porte sur sa tête un phénix qui se consume sur un bûcher) ; 2° l'Air (symbole : une femme, environnée de l'arc-en-ciel, a sur sa tête une calandre et sous ses pieds un caméléon); 3° l'Eau (symbole : une femme qui tient un navire et qui est assise sur un dauphin) ; 4° la Terre (symbole : une femme, ayant un château sur la tête, porte divers fruits, fleurs et plantes).

Les tableaux qui sont dans la partie de la voûte, entre les trumeaux des fenêtres, représentent les rois de Jérusalem : Saül, David, Salomon, Roboam, Abbia, Azar, Josaphat et Joram.

A droite et à gauche des rois, et peints en grisailles, on voit les patriarches et les prophètes. Les médaillons placés entre les grisailles représentent : la Prévoyance, la Patience, la Diligence, la Clémence, la Paix, etc.

Les angles de la voûte sont occupés par quatre tableaux :

Côté de la porte d'entrée. — 1° La Charité ; 2° l'Espérance.

Côté de l'autel. — 3° La Foi ; 4° la Religion.

Le tableau placé sur l'autel est peint par Jean Dubois et représente une descente de Croix.

Dans les niches à droite et à gauche de l'autel, les statues de Charlemagne et de saint Louis, par Germain Pilon.

L'autel est surmonté par quatre anges en bronze de Germain Pilon. Le premier tient une épée et une balance ; le deuxième et le troisième portent un encensoir, et le quatrième a dans la main droite une couronne d'épines et une palme dans la main gauche.

École espagnole.

Tableau d'autel de la chapelle de Saint-Philippe de Xativa.

Sacristie de la chapelle.

École française.

41 — Le Christ en Croix.

École italienne.

42 — Descente de Croix.

PREMIER ÉTAGE.

APPARTEMENTS DU ROI.

Antichambre.

Les quatre dessus de porte de cette salle représentent la Chasse, le Retour de la chasse, la Pêche et le Repos.

43 — Le léopard chassant.

Tapisserie faite aux Gobelins, d'après le tableau de François Desportes.

44 — Le *cheval rayé.*

Tapisserie faite aux Gobelins, d'après le tableau de François Desportes.

ÉPINAT (FLEURY).

45 — Destruction de la ville d'Herculanum par les laves du Vésuve, l'an 79 après J.-C.

Mme **BENOIST** (née DELAVILLE-LEROUX).

46 — La lecture de la Bible.

SÉRANGELI.

47 — Paysage.

STELLA (JACQUES).

48 — Clélie.

LANCRET (NICOLAS).

49 — La leçon de musique.

MONSIAU (NICOLAS).

50 — Eponine et Sabinus.

Premier Cabinet.

51 — Alexandre et Roxelane.

Ancienne tapisserie des Gobelins.

Cabinet du Roi.

Plafond par Jean-Baptiste Regnault. — La Force et la Justice.

Chambre à coucher du Roi.

Six dessus de porte par Sauvage. — Amours avec divers attributs.

Salon de famille.

Les peintures de cette salle sont de François Boucher.

Plafond. — Apollon, dieu du jour, sur son char, précédé du Point-du-Jour et suivi par des Amours.

Dans les quatre angles du plafond. — Des Amours portent les attributs des quatre Saisons.

Les seize panneaux de cette salle, peints en camaïeu bleu et rouge, par Carle Vanloo et Pierre représentent :

A droite de la cheminée. — 1° La Paix ; 2° la Fidélité; 3° la Constance ; 4° la Gloire; 5° et 6° l'Hiver et l'Automne sur les deux panneaux de la porte ; 7° le repos après la victoire ; 8° la Justice.

A gauche de la cheminée. — 1° Minerve avant le combat ; 2° Minerve après le combat ; 3° la Réflexion, 4° le Succès ; 5° et 6° le Printemps et l'Été sur les deux panneaux de la porte feinte ; 7° l'Histoire; 8° l'Immortalité.

Salle du Trône.

CHAMPAGNE (JEAN-BAPTISTE de), d'après Philippe de Champagne.

52 — Portrait en pied de Louis XIII, Roi de France.

APPARTEMENTS DE LA REINE.

Cabinet de toilette.

Plafond par Barthélemy. — L'Aurore.

Les peintures sur les panneaux représentent des arabesques sur fond or vert.

Les quatre dessus de porte en sculpture sont de Beauvais; ils ont été faits vers 1780 et représentent :

1° Uranie et Calliope (l'Astronomie et l'Éloquence);
2° Clio et Polymnie (l'Histoire et la Rhétorique);
3° Euterpe et Érato (la Musique et la Poésie);
4° Thalie et Melpomène (la Comédie et la Tragédie).

Chambre à coucher.

Les dessus de porte en camaïeu, par Sauvage, représentent le Repos et le Sommeil.

Salon.

Plafond par Barthélemy. — Minerve protectrice des arts et des sciences.

Six dessus de porte par Sauvage. — Sacrifices à Mercure, dieu de l'Éloquence, du Commerce, des Jardins, etc.

GALERIE DE DIANE.

La voûte de la galerie de Diane est divisée en plusieurs compartiments dont les peintures ont été exécutées par MM. Abel de Pujol et Blondel, membres de l'Institut.

Au-dessus de la porte d'entrée. — Diane et les nymphes de sa suite; tableau en grisailles.

Première partie de la galerie.

Première division en entrant, par M. Abel de Pujol.

A droite et à gauche dans le cintre de la voûte. — 1° Le Génie vainqueur de la Mort; 2° Le Génie de la Mort.

Tableau du milieu. — Esculape rend la vie à Hippolyte.

Frises de droite et de gauche. — 1° Diane et Hippolyte; 2° la mort d'Hippolyte.

Deuxième division, par M. Blondel.

A droite et à gauche dans le cintre de la voûte. — 1° Le Génie de la Douleur; 2° le Génie de la Médecine.

Tableau du milieu. — Latone implore Jupiter, qui change en grenouilles les paysans de Lycie.

Frises de droite et de gauche. — 1° Amphitrite sur les eaux; 2° Latone et le serpent Python.

Troisième division, par M. Abel de Pujol.

A droite et à gauche dans le cintre de la voûte. — 1° Le Génie de la Vengeance; 2° le Génie de l'Impiété.

Tableau du milieu. — Le sanglier de Calydon.

Frises de droite et de gauche. — 1° Amphiaraus et Jason; 2° Méléagre et Atalante vainqueurs du sanglier de Calydon.

Quatrième division, par M. Blondel.

A droite et à gauche dans le cintre de la voûte. — 1° Le Génie de la Virginité; 2° le Génie de la Chasse.

Tableau du milieu. — Diane, déesse de la chasse.

Frises de droite et de gauche. — 1° Invocation à la Lune; 2° Nymphes au repos.

A droite et à gauche dans le cintre de la voûte. — 1° Le Génie des Ténèbres; 2° le Génie de la Sagesse.

Deuxième partie de la galerie.

Cinquième division, par M Abel de Pujol.

A droite et à gauche dans le cintre de la voûte. — 1° Le Génie de la Lune; 2° le Génie de la Lumière.

Tableau du milieu. — Naissance d'Apollon et de Diane.

Frises de droite et de gauche. — 1° Junon ordonne aux Euménides de poursuivre Latone; 2° Neptune, à la prière de Mercure, fixe l'île de Délos.

A droite et à gauche dans le cintre de la voûte. — 1° Le Génie d'Hécate; 2° le Génie d'Apollon.

Sixième division, par M. Blondel.

Tableau du milieu. — Hercule, sur le mont Ménale, saisit la biche aux pieds d'airain.

Frises de droite et de gauche. — 1° Hercule et Eurysthée ; 2° le dieu Pan et le fleuve Ladon.

A droite et à gauche dans le cintre de la voûte. — 1° Le Génie de Neptune ; 2° le Génie de la Force.

Septième division, par M. Abel de Pujol.

Tableau du milieu. — Sacrifice d'Iphigénie. — Diane enlève Iphigénie et lui substitue une biche.

Frises de droite et de gauche. — 1° Agamemnon et Ménélas déplorent le sort d'Iphigénie ; 2° deux guerriers pleurent la mort d'Iphigénie.

A droite et à gauche dans le cintre de la voûte. — 1° Le Génie de l'Offense ; 2° le Génie de l'Expiation.

Huitième division, par M. Blondel.

Tableau du milieu. — La famille de Niobé.

Frises de droite et de gauche. — 1° Apollon et Diane dirigeant leurs traits sur les enfants de Niobé ; 2° groupe d'enfants de Niobé près d'un autel de Diane.

A droite et à gauche dans le cintre de la cour. — 1° Le Génie de la Fraude ; 2° le Génie de la Colère.

M. LECOMTE (HIPPOLYTE).

53 — Charlemagne passe les Alpes.

RONMY (J. F.).

54 — Henri IV au siège de Paris.

DU PERREUX (ALEXANDRE-LOUIS-ROBERT-MILLIN).

55 — Vue du château de Fontainebleau. — Henri IV relève Sully.

CHAUVIN.

56 — Entrée de Charles VIII dans la ville d'Aquapendente.

M. BIDAULD (JOSEPH-XAVIER).

57 — Départ de Bayard de Brescia.

M. RICHARD (FLEURY-FRANÇOIS).

58 — Tanneguy Duchatel sauve le Dauphin.

M. MAUZAISSE (JEAN-BAPTISTE).

59 — Portrait équestre de Henri IV.

M. BOUTON (CHARLES-MARIE).

60 — Saint Louis au tombeau de sa mère.

DU PERREUX (ALEXANDRE-LOUIS-ROBERT-MILLIN).

61 — Vue du château de Pau, où Henri IV est né.

M. WATELET (LOUIS-ÉTIENNE).

62 — Henri IV et le capitaine Michau.

M. BOISSELIER (ANTOINE-FÉLIX).

63 — Courageuse défense de Louis VII dans les défilés de Laodicée (1148).

DUNOUY (ALEXANDRE-HYACINTHE).

64 — L'ermite Pierre prêche la première croisade (novembre 1095).

Mme HAUDEBOURT-LESCOT.

65 — Diane de Poitiers demande la grâce de son père à François Ier.

LAURENT (J.-A.).

66 — Clotilde exhorte Clovis à embrasser le christianisme avant son départ pour la bataille de Tolbiac.

BOURGEOIS (FLORENT-FIDÈLE-CONSTANT).

67 — François Ier à Vaucluse.

MONGIN (P.-A.).

68 — Jeanne-d'Arc fait prendre l'épée de Charles-Martel.

M. LECOMTE (HIPPOLYTE).

69 — Louis XIII force les retranchements du Pas-de-Suze (6 mars 1629).

M. BERTIN (JEAN-VICTOR).

70 — Cherebert, fils de Clotaire, rencontre une jeune bergère ; paysage historique.

M. RÉVOIL (PIERRE).

71 — Le roi de Navarre et la mère de Henri IV.

M. GRANET (FRANÇOIS-MARIUS).

72 — Saint Louis rachète des prisonniers.

M. BOISSELIER (ANTOINE-FÉLIX).

73 — Mort de Bayard, en 1524.

TAUNAY (NICOLAS-ANTOINE).

74 — Sully, blessé, rencontré par Henri IV.

M. BIDAULD (JOSEPH-XAVIER).

75 — Vue de la plaine d'Ivry.

M. RÉMOND (JEAN-CHARLES).

76 — Carloman blessé à mort dans la forêt d'Yveline.

M. RÉGNIER (AUGUSTE).

77 — Jeanne-d'Arc se dévoue au salut de la France.

Salon de Diane.

Ce salon est décoré en stuc; les peintures en ont été exécutées par M. Blondel, membre de l'Institut.

Au milieu de la voûte. — Diane, déesse de la nuit.

Les compartiments qui entourent ce tableau représentent des Amours et des Zéphirs portant les attributs de la chasse.

Premier tableau à droite en entrant par la galerie. — Vénus reçoit les plaintes de Diane.

Deuxième tableau à droite. — Diane chasse de sa présence la nymphe Calisto.

Premier tableau à gauche en entrant par la galerie. — Actéon changé en cerf.

Deuxième tableau à gauche. — Diane et Endymion.

APPARTEMENTS DE S. A. R. Mgr LE DUC D'ORLÉANS.

Antichambre.

M. JUSTIN-OUVRIÉ.

78 — Intérieur de l'église de Saint-Laurent, à Nuremberg (Bavière).

BREUGHEL (JEAN), dit de Velours.

79 — Paysage. — Une vue de Flandre.

M. LANCRENON (JOSEPH-FERDINAND).

80 — Tobie rend la vue à son père.

M. GUIAUD (JACQUES).

81 — Grande rue d'Inspruck (Tyrol).

BREUGHEL (JEAN), dit de Velours.

82 — Paysage. — Une vue de Flandre.

HORONOIS.

83 — Charles VI visite les religieux de la forêt de Sénart (1).

CREUSE (AUGUSTE DE).

84 — Portrait de Charles VI, roi de France.

---

(1) On lit sur le tableau l'inscription suivante :
« Le roi Charles VI part de la ville Pesque où il tenoit » souvent sa cour pour venir chasser dans la forêt de Sénart » proche de l'hermitage. »

HORONOIS.

85 — Saint Louis visite les religieux de la forêt de Sénart (1).

CREUSE (AUGUSTE DE).

86 — Portrait de saint Louis.

LAGRENÉE aîné (JEAN-LOUIS-FRANÇOIS).

87 — Ulysse chez Nausicaa.

BREUGHEL (JEAN), dit de Velours.

88 — Paysage traversé par une rivière. — On y remarque plusieurs cavaliers et mulets.

Mme HERSENT.

89 — Henriette de France, reine d'Angleterre, aborde sur les côtes de France.

HORONOIS.

90 — Henri IV visite le frère Marcian, comte d'Arce, reclus dans l'ermitage de la forêt de Sénart (2).

École française.

91 — Portrait de Henri IV.

---

(1) On lit sur le tableau l'inscription suivante :
« Le Roi Henri IV allant chasser plusieurs fois dans » la forêt de Sénart, va visiter le frère Marcian, reclus dans » l'hermitage de la forêt de Sénart. »

(2) On lit sur le tableau l'inscription suivante :
« Le roi saint Louis part de Corbeil pour venir chasser » dans la forêt de Sénart, où il donne des ordres pour y » bâtir l'hermitage de Notre-Dame-de-Consolation. »

HORONOIS.

92 — Louis XIV visite les religieux de la forêt de Sénart (1).

École française.

93 — Portrait de Louis XIV.

BREUGHEL (JEAN), dit de Velours.

94 — Paysage avec figures.

Ecole française.

95 — Jason, vainqueur du dragon, rapporte au temple la toison d'or.

École flamande.

96 — Paysage.

97 — Paysage.

LEMAIRE-POUSSIN.

98 — Monuments antiques.

RESTOUT père (JEAN).

99 — La toilette d'Herminie.

BOUCHER (FRANÇOIS).

100 — Pastorale.

101 — Pastorale.

---

(1) On lit sur le tableau l'inscription suivante :
« Louis XIV prend en sa protection les religieux solitaires
» de Notre-Dame-de-Consolation de la forêt de Sénart,
» diocèse de Paris. »

Inconnu.

102 —

LEMAIRE-POUSSIN.

103 — Le pérystile d'un palais.

RESTOUT père (JEAN).

104 — Herminie chez le berger.

Salon de Billard.

105 — Couronnement d'Esther.

Tapisserie faite aux Gobelins, d'après le tableau de Jean-François Detroy.

106 — Mardochée aux pieds d'Assuérus.

Tapisserie faite aux Gobelins, d'après le tableau de Jean-François Detroy.

107 — Triomphe de Mardochée.

Tapisserie faite aux Gobelins, d'après le tableau de Jean-François Detroy.

108 — Arrestation d'Aman.

Tapisserie faite aux Gobelins, d'après le tableau de Jean-François Detroy.

109 — Toilette d'Esther.

Tapisserie faite aux Gobelins, d'après le tableau de Jean-François Detroy.

110 — Évanouissement d'Esther.

Tapisserie faite aux Gobelins, d'après le tableau de Jean-François Detroy.

PATER (JEAN-BAPTISTE).

111 — Chasse au tigre.

LANCRET (NICOLAS).

112 — Chasse au lion.

Salon.

113 — Arabesques. — Le triomphe de la Religion.
Ancienne tapisserie des Gobelins.

114 — Arabesques. — Mars.
Ancienne tapisserie des Gobelins.

115 — Arabesques. — Vénus.
Ancienne tapisserie des Gobelins.

116 — Arabesques. — Bacchus.
Ancienne tapisserie des Gobelins.

117 — Le léopard chassant.
Tapisserie faite aux Gobelins, d'après le tableau de François Desportes.

118 — Arabesques. — Apollon.
Ancienne tapisserie des Gobelins.

119 — *Le Roi porté.*
Tapisserie faite aux Gobelins, d'après le tableau de François Desportes.

LEBARBIER.

120 — Apothéose de Rameau.

121 — Apothéose de Lulli.

Chambre à coucher.

122 — Les malheurs de la guerre.
Fragment d'une ancienne tapisserie des Gobelins.

123 — Bataille d'Arbelles.

Fragment d'une tapisserie faite aux Gobelins, d'après le tableau de Charles Le Brun.

124 — Passage du Granique.

Tapisserie faite aux Gobelins, d'après le tableau de Charles Le Brun.

125 — Triomphe d'Alexandre.

Fragment d'une tapisserie faite aux Gobelins, d'après le tableau de Charles Le Brun.

126 — Les malheurs de la guerre.

Fragment d'une ancienne tapisserie des Gobelins.

DESÈVE (GILBERT).

127 — Portrait d'Anne d'Autriche, reine de France, sous le costume de Minerve.

128 — Portrait de Marie-Thérèse d'Autriche, reine de France, avec les attributs de la paix et de l'abondance.

APPARTEMENTS DE S. A. R. MADAME LA DUCHESSE D'ORLÉANS.

Chambre à coucher.

M. BERGERET (PIERRE-NOLASQUE).

129 — François Ier écrit des vers au bas du portrait d'Agnès Sorel.

MONSIAU (NICOLAS-ANDRÉ).

130 — Établissement de l'ordre de Saint-Bruno, à Paris.

MENJAUD (ALEXANDRE).

131 — Naissance de Louis XIII.

Salon.

132 — Le Parnasse.

Tapisserie faite aux Gobelins, d'après le tableau de Pierre Mignard.

133 — Offrande à Cérès.

Tapisserie faite aux Gobelins, d'après le tableau de Pierre Mignard.

HUILLOT.

134 — Des fleurs.

SAUVAGE (PIAT-JOSEPH).

135 — Une table, sur laquelle sont un tapis brodé, une figure de l'Amour et un bouclier.

DELAPORTE (HENRI-HORACE-ROLAND).

136 — Atributs militaires.

Mme VALAYER COSTER.

137 — Les attributs de la musique.

HUILLOT.

138 — Des fleurs.

Salon d'attente.

139 — Flore et Zéphyre.

Tapisserie faite aux Gobelins, d'après le tableau de Pierre Mignard.

140 — Naissance d'Apollon et de Diane. — Latone implore Jupiter, qui change en grenouilles les paysans de Lycie.

Tapisserie faite aux Gobelins, d'après le tableau de Pierre Mignard.

141 — Bacchus et Ariane.

Tapisserie faite aux Gobelins, d'après le tableau de Pierre Mignard.

MIGNARD (PIERRE).

142 — Erato, Euterpe et Uranie.

Ecole française.

143 — Enlèvement d'Hélène.

COYPEL (d'après NOEL).

144 — Achille à la cour de Lycomède.

MIGNARD (PIERRE).

145 — Clio et Calliope.

Antichambre.

ALLÉGRAIN (ÉTIENNE).

146 — Paysage.

VIÉN (JEAN-MARIE).

147 — La marchande d'amours.

FLÉMAEL (BERTHOLET).

148 — Alexandre au tombeau d'Achille.

BREUGHEL (JEAN), dit de Velours.

149 — Une forêt; des voyageurs sont attaqués par des voleurs.

École française.

150 — Paysage.

GÉRARD DOW (d'après).

151 — Intérieur d'un ménage rustique.

CHAVANNES (École de PIERRE-DOMACHIN DE).

152 — Paysage.

BREUGHEL (JEAN), dit de Velours.

153 — Paysage avec figures et animaux.

APPARTEMENT SUIVANT.

Salon.

Mme EMPIS.

154 — Vue prise au Mont-d'Or (Auvergne).

M. BOISSELIER (ANTOINE-FÉLIX).

155 — Mort de Polydamas, l'athlète thessalien; paysage historique.

M. QUINART.

156 — Renaud dans la forêt enchantée.

École flamande.

157 — Paysage.

VÉRON BELLECOURT (ALEXANDRE-PAUL-JOSEPH).

158 — Le sire de Blacas part pour la Terre-Sainte.

École flamande.

159 — Une auberge.

GALERIE D'ORLÉANS.

Les tableaux placés en frise et en plafond sont des fragments de l'ancienne galerie de Diane qui avait été faite par Ambroise Dubois, sous le règne de Henri IV. Tous les tableaux de cette galerie étaient peints à l'huile sur plâtre; à l'époque de sa destruction, en 1805, on a recueilli quelques uns des tableaux d'Ambroise Dubois. Ils ont été fixés sur toile.

Première partie.

En plafond : — « 1° Flore; 2° Neptune, dieu des » eaux, qui se repose sur un dauphin; 3° les » Grâces et les Amours font un concert pour ré- » jouir Junon et Vénus sur les nues; 4° Jupiter lan- » çant la foudre; 5° La Richesse. »

En frise : — *Au-dessus de la porte d'entrée.* — 1° La Charité; 2° la Sagesse.

Du côté des appartements. — 1° La Libéralité; 2° Flore ou le Printemps; 3° Minerve protectrice; 4° Cérès ou l'Été; 5° la Renommée.

Côté de la cour. — 1° La Justice; 2° Jupiter.

Deuxième partie.

En plafond : — « De jeunes filles dansent en rond; » au milieu est le chiffre d'Henri IV et de Marie de » Médicis supporté par des amours. »

En frise. — *A droite et à gauche de l'entrée.* — Amours avec les attributs de Diane.

Côté des appartements. — 1° Un dieu marin sur une conque; 2° Cérès ou la Moisson.

Au-dessus de la porte. — Junon.

Côté de la fenêtre. — L'Histoire.

APPARTEMENTS DE S. A. R. Mgr LE DUC DE NEMOURS.

Antichambre.

École française.

160 — Paysage avec figures et animaux.

ROBERT (HUBERT).

161 — Ruines et monuments antiques. — On y voit la Maison-Carrée de Nîmes.

M. CRÉPIN (LOUIS-PHILIPPE).

162 — Cascade et aqueduc.

ROBERT (HUBERT).

163 — Vue du pont du Gard.

M. CRÉPIN (LOUIS-PHILIPPE).

164 — Cascade et aqueduc entre des rochers.

M. BIDAULD (JOSEPH-XAVIER).

165 — Paysage d'après des études faites sur le lac Majeur.

Mme BENOIST (née DELAVILLE LEROUX).

166 — La tireuse de cartes.

DUNOUY (ALEXANDRE-HYACINTHE).

167 — Vue de Gênes, prise auprès du phare.

École française.

168 — Paysage avec figures et animaux.

Salle à manger.

HILAIRE.

169 — La lecture.

170 — La musique.

M. JOLY DE LA VAUBIGNON.

171 — Vue du château de Ventadour et du pont de la Beaume.

M. BARRIGUE DE FONTAINIEU (PROSPER).

172 — François Ier et la reine Claude de France, visitant la Sainte-Beaume en 1516.

M. CABAT (LOUIS).

173 — Vue de la Gorge-aux-Loups (Seine-et-Marne).

REZ-DE-CHAUSSÉE.

APPARTEMENTS DE S. A. R. MADAME LA PRINCESSE ADÉLAIDE D'ORLÉANS.

(Entrée par le vestibule de la Chapelle.)

Chambre à coucher.

M. ROBERTS.

174 — Intérieur de la cathédrale de Chartres; aquarelle.

175 — Intérieur de la cathédrale de Chartres; aquarelle.

Cabinet.

LANCRET (NICOLAS).

176 — La leçon de musique.

177 — L'Innocence.

Bibliothèque.

Deux dessus de porte représentant des Amours avec les attributs des sciences et des arts, par Sauvage.

Salon de Service.

M. RÉGNIER (AUGUSTE).

178 — Entrée d'une forêt, où l'on voit des monuments celtiques.

M. LEBLANC (ALEXANDRE).

179 — Vue des environs de Volterre.

SCHALL (JEAN-FRÉDÉRIC).

180 — La Réflexion.

FORBIN (le comte de).

181 — Vue des ruines du château de la Barben, en Provence, à l'aube du jour.

VEITSCH.

182 — Une forêt.

M. BERTIN (JEAN-VICTOR).

183 — Vue prise à quelques milles de la ville de Spolette, en Toscane.

Mme HERSENT.

184 — La bonne mère.

FORBIN (le comte de).

185 — Vue de la porte Saint-Paul, à Rome.

Mlle GÉRARD (MARGUERITE).

186 — Les tourterelles.

SAUVAGE (PIAT-JOSEPH).

187 — L'Étude des sciences; grisaille.

188 — L'Étude des arts; idem.

189 — Le Repos; idem.

Salle à manger.

Trois dessus de porte par Sauvage, représentant l'Étude et le Repos.

DESPORTES (FRANÇOIS).

Tableaux représentant des chiens de la meute du Roi (Louis XV).

190 — *Hermine* et *Muscade.*

191 — *Gredinette, Petite-Fille* et *Charlotte.*

192 — *Merlusine et Coco.*

193 — *Lise.*

Chambre suivante.

M. DAGNAN (ISIDORE).

194 — Vue de Lausanne.

VANLOO (CÉSAR).

195 — Une pleine neige.

Ruines de l'ancienne porte de la ville de Veroli, dans les Etats du Pape.

196 — Un incendie.

TARDIEU (JEAN-CHARLES).

197 — Conversion du duc de Joyeuse, en 1587.

APPARTEMENTS DE S. A. R. MADAME LA PRINCESSE CLÉMENTINE.

(Entrée par le vestibule de la cour ovale.

Chambre à coucher.

M. RIOULT (LOUIS-ÉDOUARD).

198 — Endymion.

199 — L'Aurore.

Salon.

M. LATIL.

200 — Mercure.

201 — L'Astronomie.

202 — La Géographie.

203 — Triptolème.

Antichambre.

GIORDANO (LUCA).

204 — Triomphe d'Amphitrite.

205 — Pan et Syrinx.

DEUXIÈME ÉTAGE.

APPARTEMENTS DONNANT SUR LE JARDIN ANGLAIS.

Antichambre.

M. LEBLANC (ALEXANDRE).

206 — Vue du portail d'Anet.

M. ROEHN (ADOLPHE).

207 — Les funérailles d'Emma.

DURUPT (CHARLES).

208 — La marquise de Noirmoutiers cherche à détourner le duc de Guise de se rendre à l'assemblée des états de Blois.

M. FLANDIN (EUGÈNE).

209 — Vue de la Piazzetta et du palais Ducal à Venise.

DURUPT (CHARLES).

210 — Mort du duc de Guise (25 décembre 1588).

Salon.

M. DAGNAN (ISIDORE).

211 -- Vue prise en Dauphiné.

M. CONSTANTIN (JEAN-ANTOINE).

212 — Vue du château de La Barben.

M. BOUTON (CHARLES-MARIE).

213 — Vue de l'intérieur de l'église de la ville d'Eu.

DUNOUY (ALEXANDRE-HYACINTHE).

214 — Vue prise de la côte de Pausilippe.

M. BOUTON (CHARLES-MARIE).

215 — Vue de la cathédrale de Chartres.

DUNOUY (ALEXANDRE-HYACINTHE).

216 — Éruption du Vésuve en 1813.

M. HOSTEIN (ÉDOUARD-JEAN-MARIE).

217 — Vue prise dans les Ardennes, aux environs de Givet.

M. GUÉRIN (PHILIBERT).

218 — Paysage.

LÉPICIÉ (NICOLAS-BERNARD).

219 — Intérieur d'une ferme.

TARDIEU (JEAN-CHARLES).

220 — Scène du marché des Innocents.

Chambre à coucher.

M. DAUZATS (ADRIEN).

221 — Cathédrale de Sainte-Eulalie à Barcelonne.

M. BOUTON (CHARLES-MARIE).

222 — Chapelle du Calvaire dans l'église Saint-Roch.

École française.

223 — Des fleurs.

VAN SPAENDONCK (GÉRARD).

224 — Des fleurs.

M. COTTRAU.

225 — La rentrée du viatique.

M. ALIGNY.

226 — Une villa italienne.

Mme NEPVEU.

227 — Une grappe de raisin.

M. HUET (PAUL).

228 — Intérieur de forêt.
On y voit des braconniers.

Salon suivant.

CAMPI (BERNARDINO).

229 — Sacrifice d'Iphigénie.

LAFOND (CHARLES-NICOLAS-RAPHAEL).

230 — La chaste Susanne.

HALLÉ (NOEL).

231 — Dispute de Minerve et de Neptune.

VERNET (CLAUDE-JOSEPH).

232 — Marine. — On y voit le château Saint-Ange.

M. HUBERT (JEAN-BAPTISTE).

233 — Vue de la vallée de Graisivaudan, prise des environs de Grenoble ; aquarelle.

Chambre suivante.

CHASTELET (CLAUDE LOUIS).

234 — Marine. — La pêche.

235 — Le retour des villageois.

POUSSIN (NICOLAS).

236 — La résurrection de Lazare.

237 — La Madeleine.

Chambre suivante.

VIEN (JEAN-MARIE).

238 — L'Amour fuyant l'esclavage.

APPARTEMENTS DE S. A. R. Mgr LE PRINCE DE JOINVILLE.

Premier Salon.

BERTIN (ÉDOUARD).

239 — Souvenirs de la forêt de Nettuno.

M. BOULANGER (CLÉMENT).

240 — Baptême de Louis XIII. — La cérémonie du baptême du Dauphin, fils de Henri IV, eut lieu le 14 septembre 1606, au château de Fontainebleau, sous l'arcade supérieure du donjon élevé par Henri IV dans la cour ovale.

Chambre à coucher.

Mlle ALAUX (ALINE).

241 — Vue de l'église et du faubourg de Sainte-Eutrope, à Saintes ; aquarelle.

242 — Le pic d'Arbison (Hautes-Pyrénées) ; aquarelle.

M. ISABEY (EUGÈNE).

243 — Une marine.

PREMIER ÉTAGE.

APPARTEMENTS DE LL. AA. RR. LES DUCS D'AUMALE ET DE MONTPENSIER.

Premier Salon des Chasses.

École française.

244 — Chasse au sanglier.

Le paysage est peint par Tournières.

OUDRY (JEAN-BAPTISTE).

245 — La meute.

246 — Le limier.

DESPORTES (FRANÇOIS).

247 — Un chien et des perroquets.

OUDRY (JEAN-BAPTISTE).

248 — Le rendez-vous de chasse. — Louis XV donne ses ordres à M. de Nestier, capitaine des chasses en 1734.

École française.

249 — Oiseaux rassemblés près d'un marécage.

BACHELIER (JEAN-JACQUES).

250 — Bois de cerf attaqué dans les taillis d'Épernon, et pris le 2 juin 1764.

251 — Bois de cerf attaqué à la Haute-Queue, le 5 juillet 1764, à Compiègne.

Second Salon des Chasses.

École française.

252 — Un chien et un chat : du gibier et des fruits dans une corbeille.

OUDRY (JEAN-BAPTISTE).

253 — Chasse de Louis XV dans la forêt de Compiègne.

254 — Chasse de Louis XV dans la forêt de Fontainebleau, à Franchard.

On reconnait le portrait de l'auteur dans la partie gauche du tableau.

255 — Chasse à l'étang Saint-Jean. — Le Cerf pris.

DESPORTES (FRANÇOIS).

256 — Chien et gibier.

OUDRY (JEAN-BAPTISTE).

257 — Tête de cerf pris par le Roi, en avril 1742, à Fontainebleau.

NICASIUS (BERNARD).

258 — Jeune chevreuil.

BACHELIER (JEAN-JACQUES).

259 — Bois de cerf chassé par le Roi, à Saint-Hubert, le 10 juin 1767.

Salon.

Quatre dessus de porte par Nicolas Loir ; ils représentent : 1° la Gloire militaire, 2° la Chasse, 3° la Richesse, etc.

REZ-DE-CHAUSSÉE.

APPARTEMENT DE LA COUR DES FONTAINES DONNANT SUR LE JARDIN ANGLAIS.

Chambre à coucher.

TENIERS (d'après).

260 — Fête de village

Mme KNIP (née PAULINE DE COURCELLES).

261 — L'oiseau lyre ; aquarelle.

RAPHAEL (d'après RAFAELLO SANZIO).

262 — Sainte-Famille.

VAN DYCK (d'après).

263 — La Charité.

CASTIGLIONE (GIOVANNI BENEDETTO).

264 — Départ de Jacob. — Jacob quitte la Mésopotamie pour retourner au pays de Canaan.

BOULIAR (Mlle MARIE-GENEVIÈVE).

265 — Aspasie.

Cour des Fontaines.

PETITOT (LOUIS).

266 — Ulysse ; statue en marbre.

APPARTEMENT DE L'ANCIENNE GALERIE DES CERFS.

Mlle **GRANDPIERRE-DEVERZY** (ADRIENNE-MARIE-LOUISE).

267 — Vue de l'ancien jardin du Roi dans le pays de Fontainebleau. — Monaldeschi aux genoux de la reine Christine.

PREMIER ÉTAGE.

APPARTEMENTS DONNANT SUR LA COUR DES PRINCES.

Chambre à coucher.

PEYRON (JEAN-FRANÇOIS-PIERRE).

268 — Curius Dentatus refuse les présents des ambassadeurs samnites.

COYPEL (ANTOINE).

269 — Esther devant Assuérus.

VINCENT (FRANÇOIS-ANDRÉ).

270 — Henri IV faisant entrer des vivres dans Paris pendant le siége qu'il fait de cette ville.

PAUL VÉRONÈSE (École de).

271 — Portrait de femme.

DEUXIÈME ÉTAGE.

PAVILLON DE L'HORLOGE.

Chambre à coucher.

DAVID (JACQUES-LOUIS).

272 — Portrait du pape Pie VII.

M. LATIL.

273 — Tête de Christ, d'après le Guide.

M. SENTIES (PIERRE-ASTASIE-THÉODORE).

274 — Tête de Madeleine, d'après le Guide.

AILE DES MINISTRES.

ALEXANDRE VÉRONÈSE (attribué à Alessandro Turchi, dit).

275 — Une femme malade.

LANCRET (école de).

276 — La leçon de musique.

École française.

277 — Fleurs et fruits.

TABLE ALPHABÉTIQUE

DES ARTISTES

DONT LES OUVRAGES SONT PLACÉS DANS LES APPARTEMENTS

DU PALAIS DE FONTAINEBLEAU.

www.ingramcontent.com/pod-product-compliance
Ingram Content Group UK Ltd.
Pitfield, Milton Keynes, MK11 3LW, UK
UKHW022131260726
13993UKWH00003B/1374